LE BARON
JAMES DE ROTHSCHILD

PAR

NESTOR ROQUEPLAN

PARIS

E. DENTU, LIBRAIRE-ÉDITEUR

PALAIS-ROYAL, 17 ET 19, GALERIE D'ORLÉANS

—

1868

LE BARON
JAMES DE ROTHSCHILD

Cette expression si forte : *Le mort saisit le vif*, par où se traduit l'absence de toute interruption dans l'exercice légal du droit de propriété, et qui est la sœur aînée de cette autre : « Le roi est mort, vive le roi ! » s'applique strictement à la maison de banque fondée à Francfort-sur-le-Mein par le père des cinq Rothschild, à qui, depuis plus d'un demi-siècle, appartient l'Europe financière.

Ce rapprochement peut surprendre tout d'abord, et comparer des particuliers à des princes peut sembler bien hardi. Cette comparaison n'est pourtant que la vérité.

Il n'y a donc qu'un Rothschild de moins. Les Rothschild demeurent.

Peut-être, à côté des nombreuses nécrologies qui ont paru, y a-t-il place pour l'examen de cette question : D'où viennent les colossales richesses des Rothschild et quel rôle ont-ils joué eux-mêmes dans l'économie générale de l'Europe?

Menée jusqu'au bout, cette étude remplirait tout un livre et embrasserait l'histoire de toutes les grandes questions contemporaines.

Nous n'en pouvons dresser que le sommaire.

Le point de départ est nécessaire à fixer. Un jeune israélite qui se prépare à la carrière rabbinique et dont le goût, déjà épuré par de solides études d'histoire et de philologie, se tourne un instant vers la numismatique.

Une plaisanterie sur la parenté qui existe entre les médailles et les monnaies se présenterait bien vite à l'esprit, si le côté frivole ne disparaissait aussitôt devant le côté sérieux. Ce rabbin, cet historien, ce numismate, va devenir un des plus habiles financiers de son temps; mais au lieu d'admettre pour seul *atout* dans son jeu *industria*, il y fera entrer *probitas*, et voilà deux des trois termes de la devise des Rothschild.

Le fondateur de la maison y joindra bientôt *concordia*.

Personne n'ignore le fait premier qui sert d'armes parlantes à l'écusson des Rothschild. Forcé de fuir devant l'armée française, l'électeur de Hesse, Guillaume 1er, laisse sa fortune particulière entre les mains de Mayer Rothschild. On était en 1806. Mayer la lui garde au péril même de sa vie ; puis, il la lui restitue avec tous les fruits qu'il lui avait fait porter.

Et du même coup, il obtient, pour les israélites de l'électorat, les droits religieux, civils et politiques. C'était avoir prêté à un bien bel intérêt, et le bénéfice n'était pas moindre pour le prince que pour le banquier.

En 1812, Mayer Rothschild meurt, laissant

son exemple à ses cinq fils, et leur recommandant, comme le laboureur de la fable, l'union : *concordia*.

Concorde, habileté, probité : telles sont les trois forces qui ont posé les assises de la maison Rothschild et qui en ont fait comme une monarchie financière.

Nous touchons là aux origines mêmes de sa prospérité et nous avons prononcé le nom qui lui peut être appliqué.

Les cinq fils de Mayer, comme s'ils pressentaient la haute position qui les attend, se partagent les affaires de l'Europe. Anselme, le fils aîné, reste à Francfort ; Charles s'est fixé à Naples, Salomon à Vienne, Nathan à Londres, James vient se fixer à Paris.

Les voilà tous les cinq en possession des cinq principales places, des cinq principaux centres d'influence, d'informations et d'affaires. Aucun emprunt national, aucune entreprise d'intérêt public ne se fait sans le contrôle et sans l'appui de leur coopération. Eux-mêmes n'entreprennent rien sans s'être mutuellement consultés; et, si la part de conseil peut être inégale, la part des bénéfices reste la même. Ils établissent entre eux une sorte d'équilibre financier qui n'est pas sans quelque ressemblance avec l'équilibre continental rêvé par Richelieu. Aucune des places où se tient chaque frère n'est sacrifiée aux autres, et l'appel que tout le monde, États et particuliers, fait à leur crédit et à leurs capitaux est obligé de se surveiller soi-même, se sentant surveillé. De là une entente générale et un cours moyen qui adoucissent les frottements, tempèrent les ambitions, diminuent les mécomptes.

De la maison Rothschild faites une maison française, anglaise, autrichienne, napolitaine, et son influence médiatrice disparaît. Vous avez une banque nationale; vous n'avez plus cette maison de banque universelle où viennent se limiter et s'entendre les compétitions des différents États de l'Europe.

Nous ne croyons pas exagérer en considérant cette banque autant comme une institution politique que comme une institution financière. De même que les banquiers spéciaux de l'industrie et du commerce servent à la fois d'agents et de contre-poids aux entreprises industrielles et commerciales, de même la maison Rothschild, avec les cinq points de vue différents d'où elle envisage les emprunts et les travaux publics de chaque place, les retient en quelque sorte dans les limites de la sécurité et de l'utilité communes.

Elle est la surintendante des finances de l'Europe.

Les seuls emprunts négociés par elle depuis 1815 jusqu'en 1830, s'élèvent au total énorme de 6 milliards, où l'Angleterre entre pour 2 milliards 700 millions, et la France pour 1 milliard 100 millions. Il faut doubler cette somme si l'on y ajoute le montant des subsides, indemnités de guerre, rentes, que les souverains de l'Europe ont fait payer ou recevoir par l'entremise de la maison Rothschild.

Une autre cause de la prospérité de cette maison, c'est de ne pas s'être laissé enivrer par ses relations avec les gouvernements. Quoique portée naturellement vers les grandes affaires et vers les clients couronnés, elle n'a oublié ni les simples particuliers, ni cette foule immense de petites affaires dont la nature est de se reproduire sans cesse et dans toutes les circonstances.

Là encore, vous reconnaissez le génie essentiellement pratique de la famille Rothschild. Vous ne le reconnaissez pas moins dans cette mesure qu'elle impose à toutes ses opérations : ne se sacrifier à aucune et n'en pas sacrifier une seule à soi-même; bénéfices modérés, entreprises limitées.

Si maintenant vous ajoutez à tout cela une bienfaisance largement et universellement exercée, vous aurez une esquisse à peu près complète de cette grande maison qui vient de perdre un de ses plus illustres chefs.

Donner le détail des principales opérations où le nom du baron James a été plus particulièrement mêlé, nous entraînerait trop loin. Nous rappellerons seulement qu'il avait été consulté par M. de Villèle sur la conversion du 3 pour 100, et qu'il devait être le banquier de cette grande mesure.

Ce fut lui aussi qui se chargea de la négociation de l'emprunt grec, payant par là sa dette à l'attrait impérieux qu'exerce sur tout esprit lettré l'antiquité classique.

Tandis que M. Thiers s'opposait de toute sa vaine éloquence à la création de ces chemins de fer qui ont métamorphosé la guerre en attendant qu'ils la rendent impossible, le baron James en garantissait ou en entreprenait la construction.

En 1848, il restait à son poste, et, tandis que l'on pillait, à Suresnes, le château de son frère Salomon, il aidait le commerce français à soutenir le choc de la terrible crise, et il envoyait 50,000 francs aux victimes de Février.

En 1852, lorsque la première conséquence de la conversion du 5 pour 100 fut de faire tomber la rente de 102 à 92, ce fut encore le baron James qui, par l'énorme action de ses capitaux, fit remonter la rente au chiffre de 102.

Il était grand officier de la Légion d'honneur.

Pour rappeler les traits principaux du caractère de l'illustre financier, nous ferons cette remarque qui s'applique à toute sa vie, à sa vie d'affaires et à sa vie privée, c'est qu'il avait de l'élévation dans les idées et de la distinction dans le goût.

Le baron aimait le beau et n'a jamais laissé un objet d'art douteux ou une curiosité suspecte pénétrer dans une de ses résidences.

Il aimait aussi ce qui est droit. De là ce discernement si frappant dans la distribution de ses bienfaits. Rien n'est sorti de ses mains au hasard ou par obsession ; il voulait avoir le mot de ses aumônes et ouvrait un compte à sa charité.

Quoique administrée ainsi, cette charité le menait très-loin, mais elle était respectée, parce qu'elle n'était pas banale. Les pauvres gens qui aigrissent eux-mêmes leur malheur par l'illusion ou par l'envie, doivent trouver mauvais qu'un richard, comme ils appellent un Rothschild, ne prenne pas, chaque jour, une heure pour ouvrir sa fenêtre et faire aux passants des distributions de pièces d'or.

Quoiqu'il feignît souvent de se laisser tromper, le baron James ne voulait pas sciemment encourager le vice et le mensonge, et il maintenait auprès de lui un bureau spécial de secours où arrivaient toutes les demandes, parmi lesquelles les plus nombreuses venaient de faux caissiers, de faux comptables qui devaient se brûler la cervelle dans la journée si le baron ne se pressait pas de sauver leur honneur. Combien de fois la vérification de ces dires sinistres l'a-t-elle rassuré sur l'imminence de tant de suicides!

Les Rothschild occupent, certes, un haut rang intellectuel parmi les juifs; mais s'ils n'y sont pas la règle, ils n'y sont pas non plus l'exception. Les qualités qui éclatent en eux se rencontrent chez plus d'un de leurs coreligionnaires, ou plutôt ils forment comme le propre de la race juive.

L'histoire de cette race, en Europe, n'est pas encore faite; mais déjà des lueurs s'échappent qui éclairent la route et font entrevoir le but. L'introduction de la philosophie d'Aristote en Espagne, et, par l'Espagne, en France, en Italie, en Allemagne, en Angleterre, est attribuée aux Arabes. Peut-être, en pénétrant davantage dans l'étude de ce fait, trouverait-on, sous l'apparence arabe, la réalité juive.

Quoique le panthéiste Spinosa se rattache par quelques points à la doctrine de Descartes, c'est de lui qu'est sorti tout le mouvement philosophique de l'Allemagne, et il y a plus d'influence juive qu'on ne le suppose dans ce tour particulier d'imagination dont on fait honneur à la race germanique. Il en est peut-être de même de la musique allemande, et le goût des juifs pour les objets d'art, pour les curiosités, pour les épaves diverses que le temps jette sur sa route, a fait naître toute une science, l'archéologie. On commence par aimer les choses, on veut ensuite les connaître.

Mais c'est surtout dans la production et dans le maniement des capitaux que les juifs sont des maîtres.

Il y a dans l'esprit de cette race une vivacité, un montant, une fantaisie qui a fini par nous séduire, et en même temps une exactitude qui nous a rassurés.

Ce qui nous frappe en eux, c'est presque à la fois leur souci et leur mépris des richesses, leur patiente économie et leur prodigalité soudaine, leur prudence presque craintive et leur héroïque intrépidité.

Maintenant qu'après une lutte de tant de siècles, ils sont à peu près partout sur le même pied que les autres races, on les distingue moins nettement ; mais leurs idées ne s'en épanchent qu'à plus larges flots, et les peuples, qui semblaient s'être promis de les faire disparaître du milieu d'eux, leur devront d'être enfin arrivés à comprendre ces questions de crédit, de circulation et de balance en dehors desquelles les questions les plus délicates des sociétés modernes risqueraient de rester insolubles.

Le génie et la main du Français se retrouvent dans toutes les œuvres de l'Europe, et cette faveur qui accueille tout ce qui provient d'une nation si bien douée n'est pas faite pour attiédir sa fièvre d'initiative. Mais pendant que le Français veut imprimer aux autres peuples le mouvement de ses pulsations, quelque violent et saccadé qu'en soit le rhythme, il ne prévoit pas le moment où ce rhythme devra devenir normal ; il aime peu à le régulariser par la réflexion, par l'apaisement des choses pratiques. Combien de fois se demande-t-on pourquoi on rencontre dans notre histoire cette singularité économique qui rend nécessaires la présence et l'aide de financiers étrangers, tantôt les Lombards, tantôt les juifs, tantôt les Genévois. On serait tenté de croire que le Français, entouré de peuples exemplaires, tels que l'Anglais, l'Allemand, le Hollandais, se perpétue, comme un éternel jeune homme de famille, dans cet état de minorité qui le livre à des intendants.

A le voir ainsi toucher avec tant de force aux croyances, aux mœurs, aux idées, aux intérêts d'autrui, il semble que le Français veuille entreprendre les affaires de tout le monde et ne jamais finir les siennes.

Par le fait de leur volonté et du progrès social, les juifs ont cessé d'être pour nous des étrangers. Ce ne sont plus des intendants, ce sont des enfants raisonnables et laborieux de la famille française.

Nestor Roqueplan.

www.ingramcontent.com/pod-product-compliance
Lightning Source LLC
Chambersburg PA
CBHW070430080426
42450CB00030B/2397